Counting Farm
农 场 数 一 数
nóng chǎng shǔ yī shǔ

by Siu Ting Tsang and Andrew Sun

To baby Avery:
May you learn Chinese
better than your father did.
- Mommy and Daddy

农夫先生每天都照料他的农场。
nóng fū xiān sheng měi tiān dū zhào liào tā de nóng chǎng

Every day Mr. Farmer tends to his farm.

在田野里有一只
zài tián yě lǐ yǒu yī zhī

大牛。还有什么?
dà niú　　hái yǒu shén me

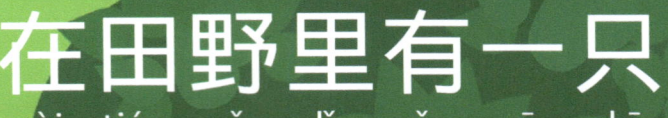

In the field there is one big cow.
Any more?

在树下有两只狗。
zài shù xià yǒu liǎng zhī gǒu

还有什么？
hái yǒu shén me

Under the tree there are two dogs.
Any more?

在马棚有三匹马。
zài mǎ péng yǒu sān pī mǎ

还有什么？
hái yǒu shén me

In the stable there are three horses. Any more?

在房子前面有四只山羊。
zài fáng zi qián miàn yǒu sì zhǐ shān yáng

还有什么？
hái yǒu shén me

In front of the house there are four goats. Any more?

在栅栏有五只鸡。
zài zhà lán yǒu wǔ zhǐ jī

还有什么？
hái yǒu shén me

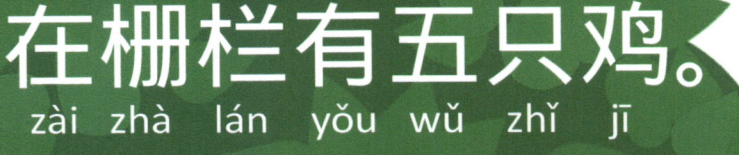

On the fence there are five chickens. Any more?

在河里有六条鱼。
zài hé lǐ yǒu liù tiáo yú

还有什么?
hái yǒu shén me

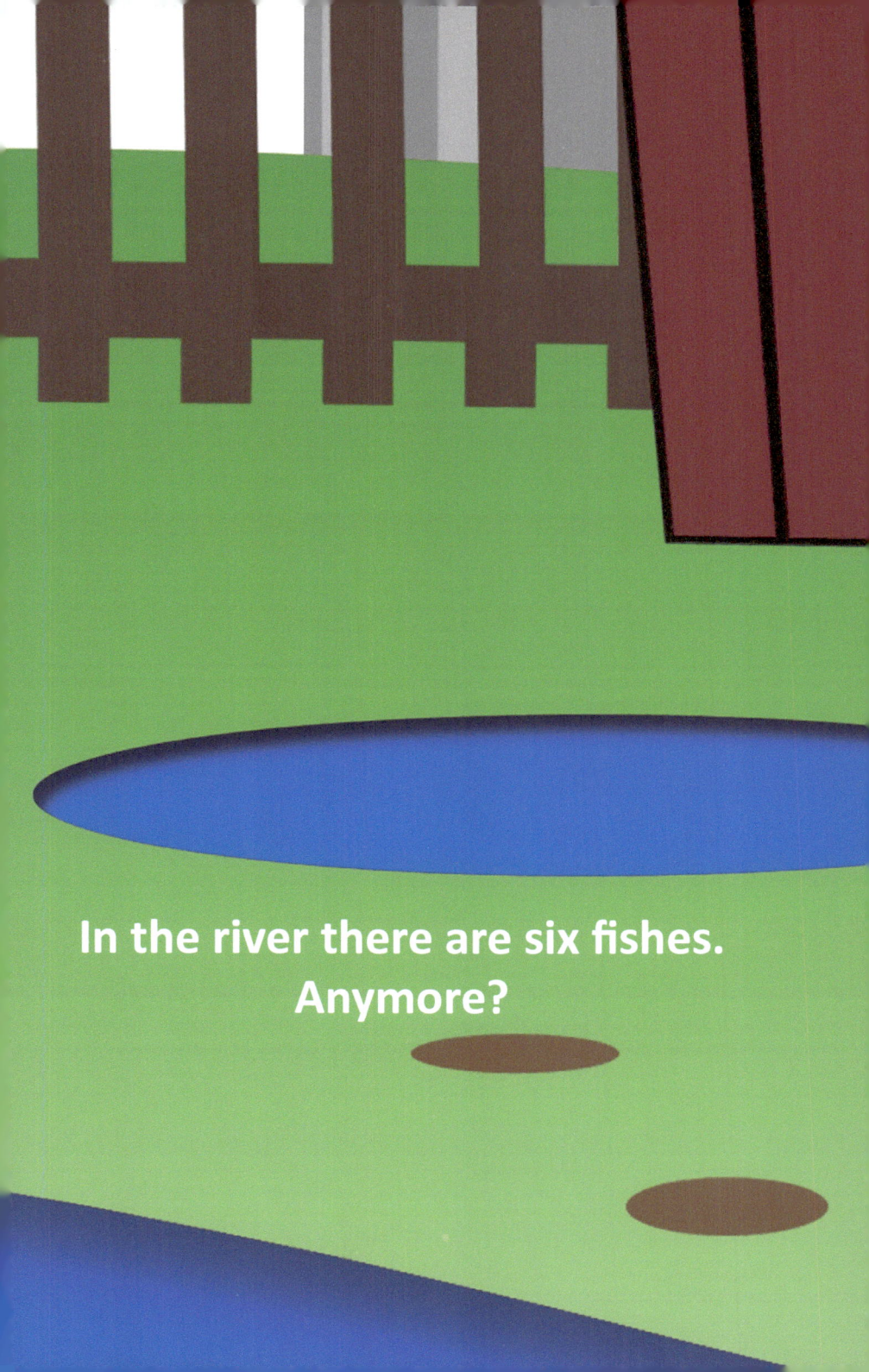

在泥里有七只猪。
zài ní lǐ yǒu qī zhī zhū

还有什么？
hái yǒu shén me

**In the mud there are seven pigs.
Any more?**

在山上有八只羊。
zài shān shàng yǒu bā zhī yáng

还有什么？
hái yǒu shén me

Over the hills there are eight sheep. Any more?

在池塘有九只鸭子。
zài chí táng yǒu jiǔ zhī yā zi

还有什么？
hái yǒu shén me

On the pond there are nine ducks.
Any more?

在门廊下有十只老鼠。
zài mén láng xià yǒu shí zhǐ lǎo shǔ

Under the porch there are ten mice.

农夫先生有多少
nóng fū xiān sheng yǒu duō shǎo

动物？
dòng wù

How many animals does Mr. Farmer have?

Mr. Farmer has ...

五只鸡

三匹马

九只鸭

七只猪

… 和一只大牛!
hé yī zhī dà niú

… and one big cow!

www.ingramcontent.com/pod-product-compliance
Lightning Source LLC
Chambersburg PA
CBHW041813040426
42450CB00001B/28